A mi madre, a mis hermanas y a mis amigas.
Blanca Lacasa

A Miryam, a Kika y a todas mis amigas y amigos feministas.
Luis Amavisca

Para mis queridas sobrinas Lara y Zoe.
Gusti

ÉGALITÈ

Niñas y niños feministas
Colección Egalité

© del texto: Blanca Lacasa & Luis Amavisca, 2022
© de las ilustraciones: Gusti, 2022
© de la edición: NubeOcho, 2022
www.nubeocho.com · info@nubeocho.com

Primera edición: Abril, 2022
ISBN: 978-84-18599-80-4
Depósito Legal: M-7173-2022

Impreso en Portugal.

NIÑAS Y NIÑOS
FEMINISTAS

Blanca Lacasa y Luis Amavisca
Ilustrado por Gusti

nubeOCHO

—Ana, ¿qué quieres ser de mayor?
—¡Carpintera!

—¿Y tú, Javier?
—¡Enfermero!

—Esmeralda, me encanta tu corte de pelo.
—Y a mí me parece que te queda genial la melena, Pedro.

—Petra, me encanta tu camiseta negra de tirantes…

… ¡y tus pantalones rosas, Miguel! Te sientan genial.

—Candela, si haces eso, te vas a despeinar.
—¿Y qué? ¡Yo también quiero jugar!

—Pepe, ¿a tu cumpleaños vendrán Bruno, Peter y Jorge?
—¡Sí! ¡Y también Chloe, Marta y Marina!

—Lupe, ¿de qué te vas a disfrazar para la fiesta de fin de curso?
—¡De SuperLupe!

–¿Y tú, Arturo?
–Kwami, Mario y yo de bailarines.

—Juan, ¿estás llorando?
—Sí, esta película es muy emocionante.

—Lola, no sé si quiero echar una partida al ajedrez… Es que siempre me ganas.
—No te preocupes, Guillermo. Te voy a enseñar unos trucos para jugar mejor.

—Mateo, ¿qué pediste por Navidad?
—¡Una muñeca y un coche teledirigido!

—¡Pero qué mal huele! Daniela, ¿te has tirado un pedo?
—Sí… Perdón, ¡se me escapó!

—Zoe, ¿vas a ir a jugar con Alia y con María?
—¡Y con Lucas y con Akim!

—¡Qué guapa es tu hermana, Saúl!
—A mí lo que me gusta es que me enseña
a subir a los árboles y a imitar el ruido
de los sapos.

—Teo, ¿qué habéis hecho hoy en el colegio?
—Nos han hablado de Dian Fossey y Jane Goodall.
Ellas fueron de las primeras en estudiar a gorilas y chimpancés.

—Silvia, ¿te vienes a mi equipo? Es que chutas genial.
—Hoy me apetece más jugar a cocinitas con Darío, lo siento.

—Jaime, han abierto un centro en el barrio y hay judo. ¿Nos apuntamos?
—¿Y no tienen baile? ¡Lo preferiría!

A las niñas y niños feministas nos gustan todos los colores.

A las niñas feministas no nos importa ensuciarnos o despeinarnos cuando nos divertimos.

Nos gusta jugar niñas y niños juntos.

Creemos en la igualdad. No hay profesiones de chicas ni profesiones de chicos.

Llevamos el pelo largo o corto, no queremos que haya "cortes de chica" ni "cortes de chico".

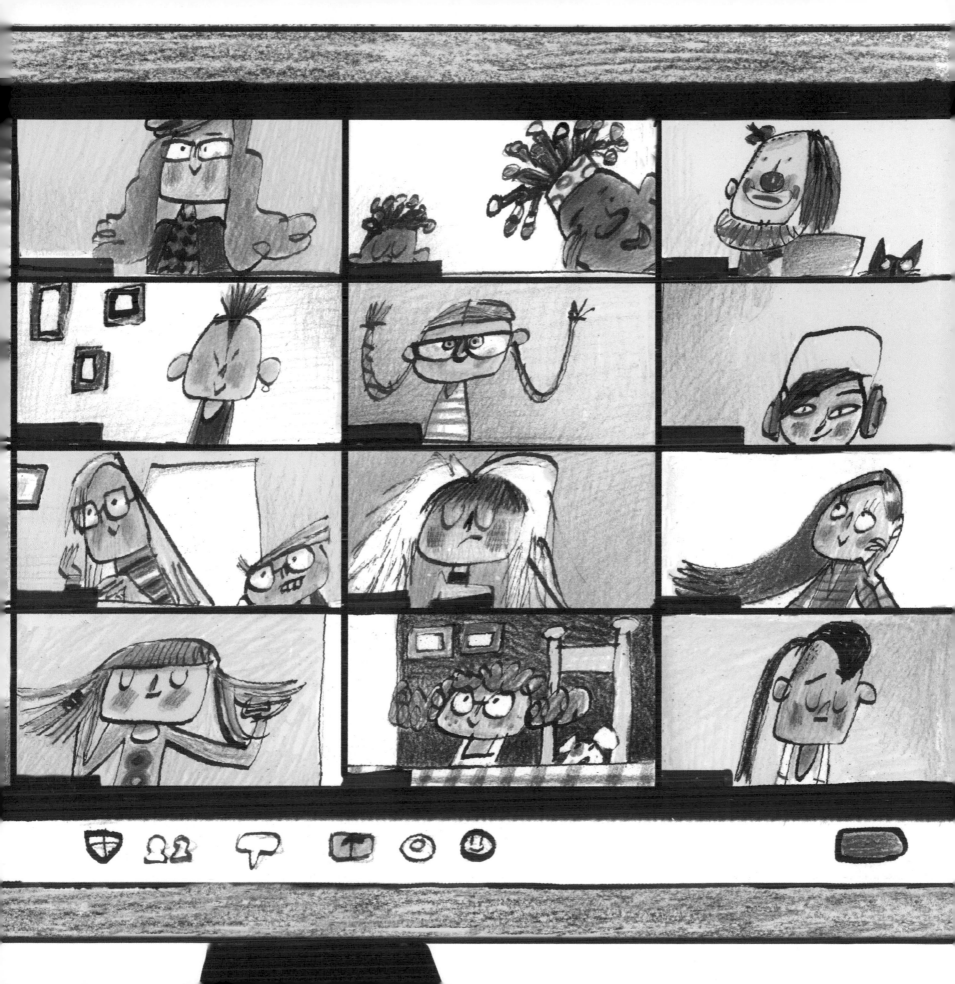

¡Las niñas y niños feministas queremos poder elegir nuestros juguetes y nuestra ropa!

Las niñas también podemos tirarnos un pedo, ¿eh?

A los niños feministas nos gusta mostrar nuestras emociones.
Lloramos cuando lo sentimos, y también damos abrazos.

¡A las niñas también se nos dan bien las matemáticas y el ajedrez!

No hay cosas de chicas, ni de chicos. ¡Podemos hacer de todo!

No nos gusta que hablen de la belleza de nuestras madres, hermanas
o amigas, o que se compare. El físico no es su cualidad más importante.

Nos interesa conocer el papel de las mujeres en la historia.

—Blanca, Luis, Ariel, ¿sois feministas?
—¡Mucho!

—Las niñas y los niños feministas queremos igualdad. Por eso…
¡No nos cansamos de decir que somos feministas!